D1449944

Sé un líder de la comunidad

Cómo ponerse en contacto con un funcionario electo

Leslie Harper
Traducido por Alberto Jiménez

PowerKiDS
press.
New York

Published in 2015 by The Rosen Publishing Group, Inc.
29 East 21st Street, New York, NY 10010

First Edition

Editor: Norman D. Graubart
Book Design: Joe Carney
Book Layout: Colleen Bialecki
Photo Research: Katie Stryker

Photo Credits: Cover, p. 24 Blend Images - Hill street studio/Brand X Pictures/Getty Images; p. 4 Photo Courtesy of the Ohio Statehouse Photo Archive; p. 5 Pool/Getty Images; p. 6 overcrew/Shutterstock.com; p. 7 Andrew Burton/Getty Images; p. 9 Nagel Photography/Shutterstock.com; p. 10 sextoacto/Shutterstock.com; p. 11 Gary Conner/Photolibrary/Getty Images; p. 12 Dorling Kindersley/Getty Images; p. 13 Jetta Productions/The Image Bank/Getty Images; p. 14 Juanmonino/iStock/Thinkstock; p. 17 Thomas Barwick /Stone/Getty Images; p. 18 Fuse/Thinkstock; p. 19 massyphoto/Shutterstock.com; p. 20 Eyecandy Images /Thinkstock; p. 21 Joe Ferrer/iStock/Thinkstock; p. 23 Jupiter Images/Stockbyte/Thinkstock; p. 25 Eldad Carin/Shutterstock.com; p. 26 Mandel Ngan/AFP/Getty Images; p. 27 auremar/Shutterstock.com; p. 28 K Woodgyer/Shutterstock.com; p. 29 Jcomp/iStock/Thinkstock; p. 30 Arnold Sachs/Archive Photos /Getty Images.

Library of Congress Cataloging-in-Publication Data

Harper, Leslie.
 [How to contact an elected official. Spanish]
 Cómo ponerse en contacto con un funcionario electo / by Leslie Harper ;
translated by Alberto Jiménez. — First Edition.
     pages cm. — (Sé un líder de la comunidad)
 Includes index.
 ISBN 978-1-4777-6909-6 (library binding) — ISBN 978-1-4777-6910-2 (pbk.) —
ISBN 978-1-4777-6911-9 (6-pack)
 1. Political participation—United States—Juvenile literature. 2. Representative government and representation—United States—Juvenile literature. I. Title.
 JK1764.H36618 2015
 323'.0420973—dc23
                    2014001407

Manufactured in the United States of America

CPSIA Compliance Information: Batch #WS14PK3: For Further Information contact Rosen Publishing, New York, New York at 1-800-237-9932

Contenido

¡Haz oír tu voz!

En algunos países gobierna un monarca -un rey o una reina-, otros están gobernados por una persona o un grupo de personas que toma el poder por la fuerza. Estados Unidos, sin embargo, tiene un sistema de gobierno llamado **democracia**. Esto significa que la gente elige a sus líderes. Tienen también voz en las leyes del país, del estado o de la ciudad, ya sea votando una ley local o eligiendo representantes que apoyan determinadas leyes.

Vivir en una democracia significa que todo el mundo tiene voz en el gobierno. Los ciudadanos mayores de 18 años pueden hacer oír su

Este busto de Clístenes está en la cámara legislativa en Ohio. Clístenes vivió en la antigua Grecia y ayudó a establecer la democracia en Atenas.

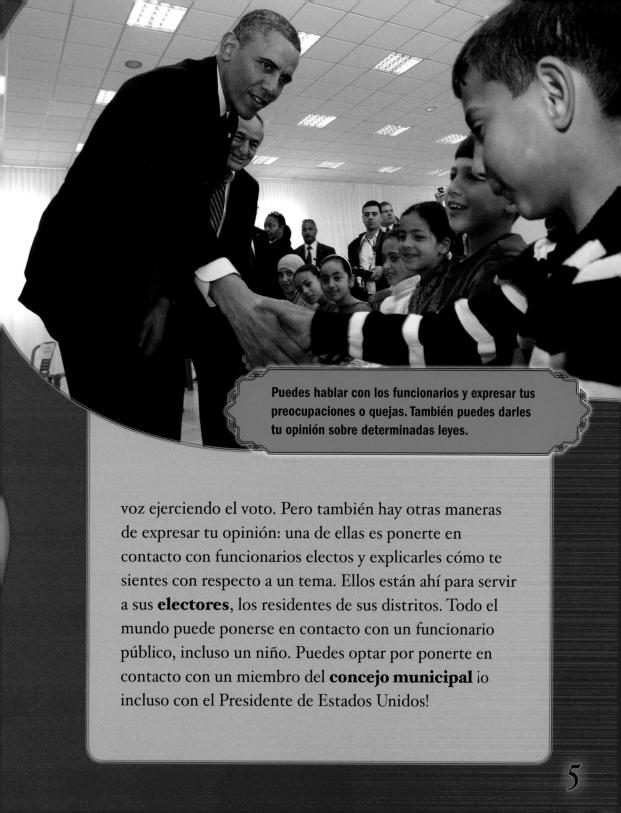

Puedes hablar con los funcionarios y expresar tus preocupaciones o quejas. También puedes darles tu opinión sobre determinadas leyes.

voz ejerciendo el voto. Pero también hay otras maneras de expresar tu opinión: una de ellas es ponerte en contacto con funcionarios electos y explicarles cómo te sientes con respecto a un tema. Ellos están ahí para servir a sus **electores**, los residentes de sus distritos. Todo el mundo puede ponerse en contacto con un funcionario público, incluso un niño. Puedes optar por ponerte en contacto con un miembro del **concejo municipal** ¡o incluso con el Presidente de Estados Unidos!

Niveles de gobierno

Todos los que trabajan en el gobierno tienen una función concreta. Algunos son responsables de asuntos que afectan a la gente de una ciudad o de un estado. Otros se ocupan de cuestiones que atañen a todo el país.

Si quisieras ponerte en contacto con un funcionario electo por algún asunto, piensa primero a quién concierne dicho asunto. Si afecta principalmente a la gente de tu comunidad, empieza

Los gobiernos municipales o del condado son responsables por el departamento de bomberos y otros servicios parecidos.

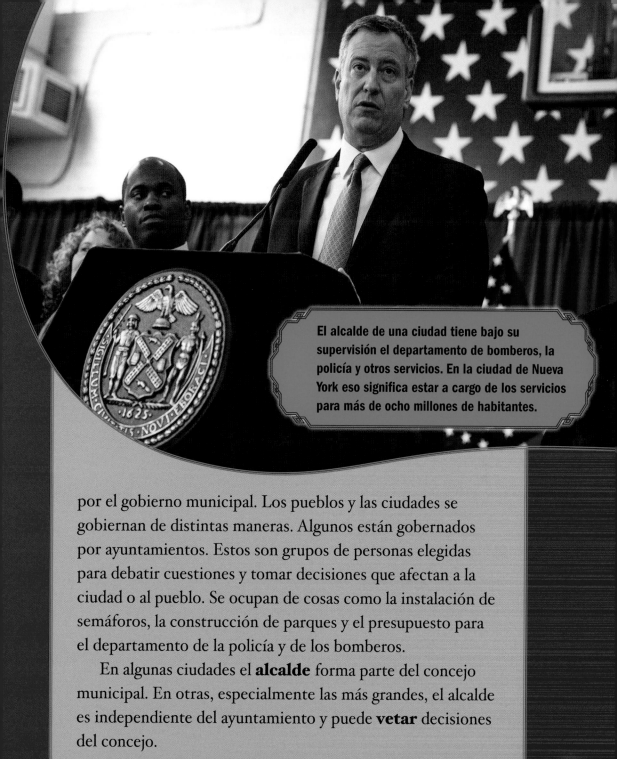

El alcalde de una ciudad tiene bajo su supervisión el departamento de bomberos, la policía y otros servicios. En la ciudad de Nueva York eso significa estar a cargo de los servicios para más de ocho millones de habitantes.

por el gobierno municipal. Los pueblos y las ciudades se gobiernan de distintas maneras. Algunos están gobernados por ayuntamientos. Estos son grupos de personas elegidas para debatir cuestiones y tomar decisiones que afectan a la ciudad o al pueblo. Se ocupan de cosas como la instalación de semáforos, la construcción de parques y el presupuesto para el departamento de la policía y de los bomberos.

En algunas ciudades el **alcalde** forma parte del concejo municipal. En otras, especialmente las más grandes, el alcalde es independiente del ayuntamiento y puede **vetar** decisiones del concejo.

Tal vez desees hablar sobre algo que concierne a todos los que viven en tu estado. Entonces deberás ponerte en contacto con un funcionario estatal. Los gobiernos estatales se componen de ramas **legislativas**, judiciales y **ejecutivas**. La rama legislativa está compuesta por el senado y la cámara de representantes. En algunos estados, ésta se llama la asamblea general o la casa de los delegados. La rama legislativa promulga leyes y aprueba el presupuesto estatal, o sea cómo utilizar el dinero. La cabeza de la rama ejecutiva es el **gobernador**. Al igual que un alcalde, el gobernador tiene el poder de vetar leyes promulgadas por la rama legislativa.

El gobierno federal está establecido de forma muy parecida a los gobiernos estatales. El presidente es la cabeza de la rama ejecutiva y cada estado envía un cierto número de senadores y representantes al Congreso. Si quisieras ponerte en contacto con un funcionario por algo que afecta a todo el país, podrías empezar por los senadores de tu estado y los representantes de tu distrito.

La Cámara del Congreso de Michigan tiene asientos para espectadores. Se permite a los ciudadanos asistir a las reuniones.

Explora un asunto

¿Hay algo en tu ciudad o tu estado que te gustaría cambiar? ¿Desearías que se crearan más parques o que las computadoras de la biblioteca local fueran más modernas? Cuando pienses en un asunto en el que te interesa intervenir, deberás ser concreto. Tal vez sientas gran interés porque la gente de tu comunidad tome conciencia de la historia local. ¿De qué manera piensas que un funcionario te pueda ayudar?

Tal vez haya muchas cosas de tu pueblo o de tu ciudad que desees cambiar. Concéntrate en una a la vez.

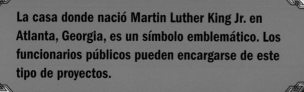

La casa donde nació Martin Luther King Jr. en Atlanta, Georgia, es un símbolo emblemático. Los funcionarios públicos pueden encargarse de este tipo de proyectos.

A lo mejor quieres que haya un lugar público en tu comunidad donde pueda honrarse a los caídos en la Segunda Guerra Mundial. En muchos pueblos y ciudades norteamericanas hay monumentos conmemorativos a los veteranos de esas comunidades. Si te interesa este asunto, ¡házselo saber a un funcionario electo! Ofrecer soluciones concretas es siempre más eficaz que limitarse a plantear cuestiones.

Consejos

Cuando pienses en un tema, es mejor que te centres en puntos específicos. Si le dices a un funcionario que debería hacer más para honrar a los veteranos, puede que tenga un concepto diferente al tuyo. Sin embargo, construir una estatua en un parque es una idea concreta que puede llevarse a cabo.

Ponte en contacto

Para poner tu idea en marcha tendrás que ponerte en contacto con un funcionario público, ya sea el alcalde o un miembro del concejo municipal. Para dar con la persona más adecuada, pídele a un familiar, tu maestro o la bibliotecaria que te ayude a encontrar el sitio web de tu ayuntamiento. Lo más probable es que contenga una lista con los nombres

Explicar por teléfono el asunto y la solución que pretendes puede ser difícil. Solicita una entrevista personal.

Las asambleas son buenas ocasiones para conocer a los funcionarios. Preséntate e intenta concertar una cita.

de los miembros del concejo municipal. Cuando tengas la lista de nombres, comienza una **investigación**. Te será más fácil convencer a un funcionario para que se interese por el monumento conmemorativo si ha trabajado en proyectos similares antes. Tal vez encuentres incluso alguno que sea un veterano.

Cuando localices a alguien a quien dirigirte, busca todos sus datos, como número de teléfono, correo electrónico o dirección postal. Los funcionarios públicos acostumbran a estar muy ocupados. Si lo llamas por teléfono tal vez tenga mucho que hacer en ese momento y poco tiempo para hablar. Sin embargo, siempre puedes llamar a su oficina y concertar una cita para otro momento.

Si el asunto que te interesa tiene alcance nacional, tal vez quieras enviarle una carta al presidente. Suele contestar alguien de su oficina.

Asistir a una asamblea municipal o a una reunión de la junta escolar es otra forma de llegar a un funcionario público. Estas reuniones suelen ser abiertas al público. Y, por lo general, la gente puede hablar en un determinado momento de la reunión.

Una buena forma de ponerse en contacto con un funcionario electo es mediante una carta o un correo electrónico. Un mensaje bien redactado debe explicar con claridad el asunto y ofrecer la solución que te gustaría que él apoyara. Pero asegúrate de que la carta sea breve y clara. La maestra o la bibliotecaria te podrán mostrar ejemplos de cartas que se ajustan a la **etiqueta** apropiada. Por ejemplo, asegúrate de que te diriges a la persona por su título oficial, como senador o alcalde. Cuando te dirijas a un funcionario debes usar un lenguaje formal y un formato adecuado.

Consejos

Si escribes la carta a mano, asegúrate de que tu caligrafía sea clara y legible. Si cuesta leer tu carta, no se entenderán tus ideas ni tus sugerencias. Si tu letra no es clara, utiliza mejor la computadora.

Prepárate bien

Los funcionarios reciben montones de correos electrónicos y de cartas. Aunque un asunto puede parecerles importante, no siempre tienen tiempo para responder a todos los mensajes que reciben de sus electores. La primera carta que escribas puede que sea la mejor oportunidad de que el funcionario sepa cómo te sientes. Es posible que el funcionario quiera hablar contigo en persona; por este motivo el mensaje que escribas debe contener suficiente información para convencerlo de que tu idea es digna de consideración. Tienes que tener suficientes conocimientos para poder hablar sobre el asunto y contestar preguntas durante la reunión.

El primer paso es preparar una lista de preguntas que el funcionario podría hacerte sobre cómo pagar, diseñar y construir el monumento. Por ejemplo, una posible pregunta es si le costará dinero a la ciudad. Tal vez te pregunte sobre qué **beneficios** podría aportar el monumento a la comunidad y a quién honraría exactamente.

El funcionario tal vez quiera discutir el asunto con sus colegas. ¡Dale la información necesaria para que te ayude con tu causa!

Consejos

Te puede resultar muy útil presentar tus ideas y tus planes a tus padres y maestros. Anota las preguntas que te hagan. Se parecerán mucho a las que un funcionario electo te pueda formular en una reunión.

Cuando hayas redactado la lista de preguntas, utilízala para organizar las respuestas. Podría serte útil escribir cada pregunta en una ficha. Después de investigar o estudiar el asunto, escribe las respuestas en otras fichas. Una de tus preguntas podría ser cuántos soldados de tu comunidad, que sirvieron en la Segunda Guerra Mundial, murieron en acción. Otra pregunta pudiera ser si hay empresas en tu zona interesadas en ayudar en este proyecto. ¿Hay artistas o diseñadores locales que pudieran diseñar el monumento?

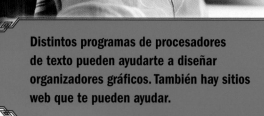

Distintos programas de procesadores de texto pueden ayudarte a diseñar organizadores gráficos. También hay sitios web que te pueden ayudar.

Muchos turistas optan por visitar monumentos conmemorativos y de otro tipo cuando viajan por Estados Unidos. Un monumento así podría atraer turistas a tu ciudad.

Otra forma de organizar tu investigación es mediante un **organizador gráfico**, ya sea usando diagramas, mapas o gráficos que estructuran la información. Puedes empezar por escribir "beneficios del monumento conmemorativo" en un círculo en el centro de la página. Luego escribe cada beneficio dentro de su propio círculo y conéctalos todos. Alguno de éstos podrían incluír beneficios tales como "enaltece la historia de la ciudad" y "aumenta la belleza del parque".

Investigación y recursos

Saber dónde encontrar la información que necesitas hará más fácil tu investigación. La biblioteca pública o la de tu escuela son un excelente comienzo. Pídele a la bibliotecaria que te ayude a encontrar libros sobre la Segunda Guerra Mundial y sobre monumentos conmemorativos. Habla con padres, maestros y otros adultos para averiguar si estarían en favor de esta idea. Mira en Internet otros pueblos o ciudades que hayan construido recientemente este tipo de monumento. ¿Cómo han cambiado estas comunidades desde que se construyeron los monumentos?

Cuéntales tu idea a tus compañeros. Algunos podrían darte más ideas para que las expongas durante tu reunión con el funcionario.

Quizá te convenga visitar alguna sociedad histórica local. Allí podrás conversar con los historiadores acerca de tu idea.

Durante tu investigación debes aprender todo lo que puedas sobre cómo funciona el concejo municipal. Entérate en dónde y con qué frecuencia debaten y votan los asuntos. Si lo que deseas es ponerte en contacto con el representante de tu distrito, averigua con qué frecuencia regresa de Washington, DC y se reúne con los votantes de su distrito

Ciertas áreas tienen sociedades históricas; organizaciones que trabajan para preservar la historia local.

Hazlo personal

Cuando te pongas en contacto con funcionarios electos sobre un determinado asunto, querrán saber quién eres, por qué te interesas por el tema y por qué deberían ayudarte.

Puedes empezar diciéndoles que vives en su distrito, en el área donde residen sus votantes. Los funcionarios públicos están ahí para servir a los residentes de sus distritos. Tal vez tú seas demasiado joven para votar, pero puedes compartir tus opiniones con tus padres, tus maestros y otros adultos que sí votan.

También puedes explicarle cómo te enteraste del asunto y por qué te interesa. Quizá se te ocurrió la idea de honrar a los veteranos durante una visita escolar a un monumento semejante. Explícale al funcionario por qué el monumento y la idea de honrar a los veteranos es importante para ti y para otros que conoces.

Si un libro o un sitio web te ayudó durante tu investigación, menciónalo durante la reunión.

23

Reunión en persona

Si logras hablar por teléfono, o en persona, con un funcionario público, aprovecha la oportunidad para contarle más detalles de tu idea. El día de la reunión asegúrate de ser puntual. Tienes una oportunidad excelente de jugar un papel importante en el gobierno de tu comunidad. No dejes que los nervios se apoderen de ti. Habla con la persona en cuestión como si fuera un maestro u otro adulto a quien respetas. Muéstrate cortés pero no temas exponer tus argumentos y comunicarle qué acciones te gustaría que realizara.

Puedes llevar contigo a la reunión a un amigo o compañero que apoye tu causa.

Temas de conversación

- Monumento a los Veteranos de Vietnam en Washington DC

- Héroes locales importantes

- Informar y sensibilizar a la comunidad

Tus temas de conversación tienen que estar relacionados con tu causa. No introduzcas otras cuestiones que desviarían la dirección de la conversación.

Llevar una lista de los **temas de conversación** puede ser muy útil. No se trata de escribir un discurso, simplemente unas cuantas frases que te recuerden los puntos más importantes. Por ejemplo, podrías escribir "Monumento a los Veteranos de Vietnam en Washington, DC", para recordarte de que es también una de las principales atracciones turísticas de esa ciudad.

Es muy probable que el funcionario te haga preguntas sobre el tema durante la reunión. Contéstalas lo mejor posible y ten siempre preparados los detalles en los que te basas. Si careces de respuesta para alguna de las preguntas, admítelo. Podrías ofrecerle investigar lo que te pregunta y respónderle más adelante.

La reunión es también una oportunidad para tú hacer preguntas y aprender más sobre el gobierno local y cómo funciona. Los gobiernos locales a menudo celebran reuniones sobre determinados asuntos para sondear la opinión de la comunidad. Pregunta si podrías hablar acerca de tu idea en una de esas reuniones.

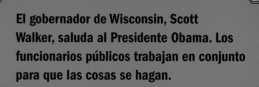

El gobernador de Wisconsin, Scott Walker, saluda al Presidente Obama. Los funcionarios públicos trabajan en conjunto para que las cosas se hagan.

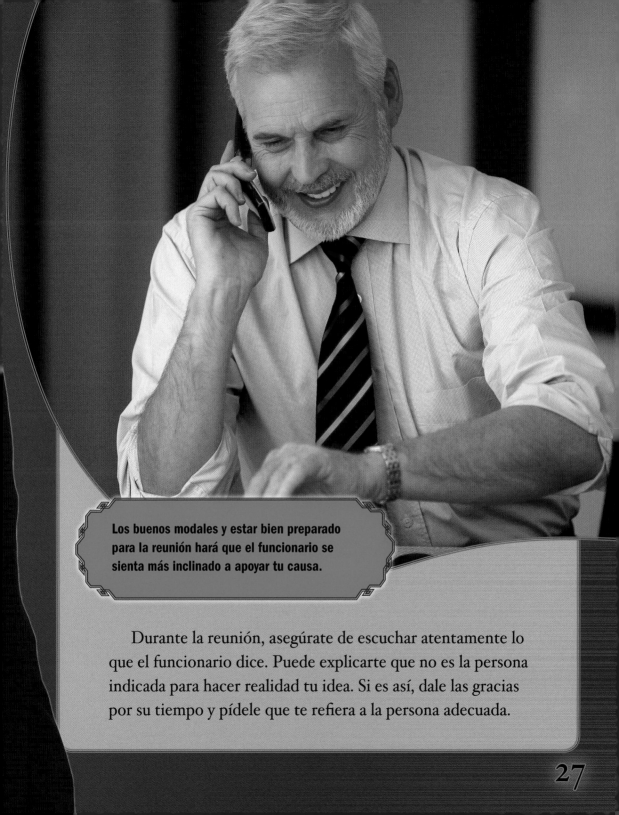

Los buenos modales y estar bien preparado para la reunión hará que el funcionario se sienta más inclinado a apoyar tu causa.

Durante la reunión, asegúrate de escuchar atentamente lo que el funcionario dice. Puede explicarte que no es la persona indicada para hacer realidad tu idea. Si es así, dale las gracias por su tiempo y pídele que te refiera a la persona adecuada.

Seguimiento

Según el asunto y el calendario electoral, puede demorar semanas o incluso meses para que tu idea tome forma. Sin embargo, sigue habiendo maneras de continuar involucrado. Pero si tu ciudad inicia la construcción de un monumento dedicado a los veteranos, envíale un mensaje de agradecimiento al funcionario. Que sepa que valoras su trabajo y su apoyo. ¡Si consigues entablar una relación con esa persona, estaría más dispuesta a escuchar tus ideas en el futuro!

Marca una fecha de seguimiento en tu calendario. Utiliza el tiempo entre tu reunión y la fecha de seguimiento para resolver algunas cuestiones que pudieran haberse suscitado en la reunión.

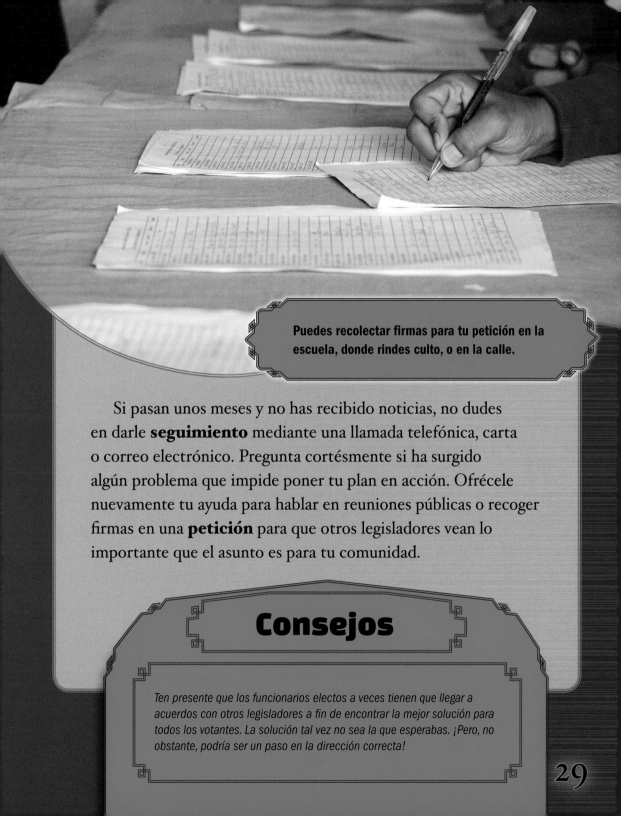

Puedes recolectar firmas para tu petición en la escuela, donde rindes culto, o en la calle.

Si pasan unos meses y no has recibido noticias, no dudes en darle **seguimiento** mediante una llamada telefónica, carta o correo electrónico. Pregunta cortésmente si ha surgido algún problema que impide poner tu plan en acción. Ofrécele nuevamente tu ayuda para hablar en reuniones públicas o recoger firmas en una **petición** para que otros legisladores vean lo importante que el asunto es para tu comunidad.

Consejos

Ten presente que los funcionarios electos a veces tienen que llegar a acuerdos con otros legisladores a fin de encontrar la mejor solución para todos los votantes. La solución tal vez no sea la que esperabas. ¡Pero, no obstante, podría ser un paso en la dirección correcta!

Continúa involucrado

Los miembros de gobierno son elegidos para servir a sus votantes. Su trabajo es responder a tus preocupaciones, contestar tus preguntas y hacer todo lo posible para mejorar la comunidad. Hacer contacto con los funcionarios y hacerles partícipes de tus ideas te permite involucrarte en el gobierno.

Aunque los funcionarios públicos pueden tener centenares, miles, o incluso millones de votantes, son pocos los votantes que se ponen en contacto con quienes han elegido para compartir sus ideas y opiniones. Ponerte en contacto con un funcionario electo es una excelente manera de que aprendas sobre el gobierno local. Un día tal vez te presentes a unas elecciones. ¡Si ganas, parte de tu trabajo será escuchar ideas y soluciones creativas de jóvenes como tú!

Aquí, el joven Bill Clinton saluda al Presidente John F. Kennedy. ¡Conocer a un funcionario electo puede animarte un día a ser tú quien se presente a las elecciones!

Glosario

alcalde Funcionario público electo que es máximo responsable de un pueblo o ciudad.

concejo municipal Grupo de personas que legisla en una ciudad.

beneficios Cosas buenas o útiles.

democracia Sistema de gobierno en el que el pueblo elige sus líderes y participa en la promulgación de leyes mediante un proceso electoral.

electores Miembros de un grupo que escogen a otras personas para que los representen en la administración pública.

ejecutiva Rama máxima del gobierno que lleva a cabo las decisiones.

etiqueta o protocolo Conjunto de normas para hacer algo de modo apropiado.

gobernador Funcionario electo máximo responsable de un estado.

investigación Estudio cuidadoso.

legislativa Rama del gobierno que debate y promulga las leyes.

organizador gráfico Programa de computadora que estructura hechos e ideas y los clarifica.

petición Modo formal de solicitar o requerir algo.

seguimiento Ponerse en contacto con alguien para saber cómo progresa algo.

temas de conversación Ideas en las que se apoya un argumento.

vetar Impedir que una norma o una ley entre en vigor.

Índice

Sitios de Internet

Debido a que los enlaces de Internet cambian a menudo, PowerKids Press ha creado una lista de los sitios Internet que tratan sobre el tema de este libro. Este sitio se actualiza con regularidad. Por favor, usa este enlace para ver la lista:

www.powerkidslinks.com/beacl/elec/